Inhaltsverzeichnis

D1733890

⏝ leichtere Texte   ⏝ ⏝ mittelschwere Texte   ⏝ ⏝ ⏝ schwierigere Texte

Liebe Kolleginnen und Kollegen,

Lesen ist eine der wichtigsten Schlüsselkompetenzen, die ein Kind erwerben sollte. Für die schon geübteren Leserinnen und Leser im dritten und vierten Schuljahr heißt es nun, die Lese-kompetenzen zu festigen und zu erweitern.

Jetzt lernen die Kinder unterschiedliche Textsorten kennen und setzen sich mit den typischen Merkmalen und verschiedenen Inhalten der Texte auseinander. Dabei hilft die kindliche Neu-gier und Begeisterung, sich auf das Abenteuer Lesetexte einzulassen. Der Wunsch, zu lesen und über Texte zu sprechen, wird durch die Methode der *Lesekonferenzen* aufgegriffen.

In diesem Band begegnen den Kindern ganz unterschiedliche Texte, die an ihre Erfahrungen anknüpfen oder ihren Wissenshorizont erweitern. Alle Themen in diesem Heft sind an den In-teressen der Kinder orientiert und an ihren Alltag angelehnt. Einige Texte sind leichter ☺, andere mittelschwer ☺ ☺, weitere schwieriger ☺ ☺ ☺. Durch die Differenzierung können Sie die geeigneten Texte für Ihre Klasse auswählen.

Im Gespräch helfen sich die Kinder gegenseitig, neue Texte zu verstehen, indem sie sich zum Beispiel einzelne Begriffe gegenseitig erklären und Fragen zum Text lösen. In der Kleingruppe arbeiten sie mit anderen zusammen und in ihrem eigenen Tempo.

Die Methode der *Lesekonferenz* leistet einen Beitrag zur Entwicklung der im Lehrplan gefor-derten „Erzähl- und Gesprächskultur sowie einer Lese- und Schreibkultur" (Lehrplan Deutsch Grundschule NRW, S. 23) und dient besonders der Leseförderung.

In den Konferenzen werden Texte verschiedener Schwierigkeitsgrade in fünf Schritten bear-beitet:
- den Text leise für sich lesen und dabei wichtige Wörter unterstreichen
- den Text reihum laut vorlesen
- Fragen zum Inhalt vorlesen und beantworten und / oder Fragen zum Text entwickeln oder für andere aufschreiben
- den Text mit eigenen Worten zusammenfassen
- gemeinsam überlegen, wie es weitergehen könnte

Diese Schritte sind auf Auftragskarten festgehalten, sodass die Kinder eine feste Struktur haben, aber – nach gemeinsamer Erarbeitung der Methode – ganz ohne Lehrer arbeiten können. Sie haben dadurch Zeit, die Kinder zu beobachten und zu beraten. In der Kleingruppe achtet der gewählte Gesprächsleiter auf die Einhaltung der Arbeitsschritte und dreht die Auftrags-karten nach und nach um.

Zu jedem Text gibt es Fragen oder Aufforderungen auf Papierstreifen, die gut verständlich sind und auf das Wesentliche des Textes abzielen. Am Ende jeder Textarbeit steht die Frage „Wie könnte es weitergehen?", die die Kinder dazu ermutigt, den Text fortzudenken.

Verlocken Sie die Kinder zum weiterführenden Lesen und fördern Sie eine langfristige Lese-motivation!

Viel Vergnügen bei den Lesekonferenzen
wünscht Ihnen

Katharina Sorbe

Hinweise zur Vorbereitung und Durchführung einer Lesekonferenz

Vorbereitung

- Kopieren Sie die fünf Auftragskarten (Seite 4 bis 6) auf gelbes Papier. Sie benötigen für jede Gruppe ein kleines und zur Demonstration an der Tafel ein großes Set (vergrößert auf DIN A4).
- Laminieren Sie alle Blätter, damit sie haltbarer sind.
- Wählen Sie einen Text für die Lesekonferenz aus und kopieren Sie ihn für jeden Schüler.
- Kopieren Sie die Fragestreifen (ab Seite 33) zum Text einmal. Schneiden Sie sie auseinander und rollen Sie sie zusammen. Fixieren Sie die Frage-Röllchen ggf. mit Büroklammern und legen Sie sie in eine Schachtel, die Sie auf das Pult stellen.
- Basteln Sie so viele Umhängeschilder für die Gesprächsleiter, wie es Gruppen geben wird. Alternativ können natürlich auch die Schüler die Schilder basteln.
- Stellen Sie ein Körbchen mit Blanko-Fragestreifen für alle auf dem Pult bereit.

Durchführung

1. Führen Sie die erste Lesekonferenz mit allen Kindern gemeinsam durch. Erklären Sie kurz, was „Konferenz" (alle besprechen ein Thema, eine Sache, in diesem Fall einen Text) und was „Lesekonferenz" bedeutet (einen Text genau lesen, besser verstehen und behalten). Bei dieser gemeinsamen „großen" Lesekonferenz übernehmen Sie die Gesprächsleitung.
2. Heften Sie die fünf großen Auftragskarten mit Magneten in der richtigen Reihenfolge untereinander an die Tafel. Dabei ist nur die Vorderseite der ersten Karte zu sehen, die anderen vier werden umgedreht.
3. Lassen Sie einen Schüler den jeweils aufgedeckten Arbeitsauftrag vorlesen, der dann gemeinsam ausgeführt wird. Nach Beendigung eines Arbeitsschrittes wird die nächste Auftragskarte umgedreht.
4. Teilen Sie den ausgewählten Lesetext aus und lassen Sie ihn im ersten Schritt von den Kindern leise lesen. Dabei sollen die Schüler die wichtigsten Wörter (Schlüsselbegriffe) unterstreichen (mit Bleistift und Lineal oder Textmarker). Dies erfordert anfangs Hilfestellung und etwas Übung. Dann sollte kurz über die Auswahl der wichtigsten Wörter gesprochen werden. Geben Sie gegebenenfalls vor, dass maximal 5 (oder 10 oder 15) Wörter unterstrichen werden dürfen – je nach Textlänge.
5. Im zweiten Schritt lesen verschiedene Schüler jeweils einen Satz der Reihe nach vor.
6. Im dritten Schritt kommt für die Beantwortung der Fragen zum Text jeweils ein Schüler nach vorne, zieht ein Frage-Röllchen, liest es vor und beantwortet die Frage. Leistungsstärkere Kinder können später auch selbst Fragen zum Text stellen oder aufschreiben.
7. Im Schritt vier sollte ein Kind den Text in wenigen Sätzen zusammenfassen.
8. Abschließend überlegen sich alle im Schritt fünf gemeinsam eine Fortsetzung des Textes.
9. Erläutern Sie, wie eine Lesekonferenz zukünftig ohne den Lehrer in Kleingruppen durchgeführt werden soll. Zeigen Sie die laminierten Auftragskarten und die Schachteln für die Fragen. Erklären Sie ebenfalls das Umhängeschild für die Gesprächsleiter.
10. Beantworten Sie noch offene Fragen.
11. Entscheiden Sie, ob weitere gemeinsame „große" Lesekonferenzen durchgeführt werden sollen oder ob die Schüler in der nächsten Stunde bereits in Gruppen arbeiten dürfen.

Tipp: Da einige Kinder zügiger und andere langsamer lesen, und auch die Gruppen unterschiedlich schnell arbeiten, können auf den Leseblättern die Bilder ausgemalt oder eigene Bilder zu den Texten gezeichnet werden.

1. Lies leise den Text! Unterstreiche die wichtigsten Wörter!

2. Lest reihum den Text vor!

3. Zieht reihum die Fragen zum Text und beantwortet sie. (Schreibt selbst Fragen auf.)

4. Einer sagt kurz, um was es in dem Text geht.

5. Überlegt gemeinsam, wie der Text weitergehen könnte!

Umhängeschild für Gesprächsleiter

benötigtes Material:
- runder Bierdeckel
- Schere
- Kleber
- bunte Stifte
- Band oder Kordel

Arbeitsanweisung:
- den Kreis ausschneiden
- auf den Bierdeckel kleben
- Bild ausmalen
- Löcher durchstechen
- Band durchziehen und verknoten
- Schild umhängen

Jens und Peter machen mit ihren Eltern Urlaub in einem einsam gelegenen
Dorf auf dem Land.
Jeden Morgen gehen die Brüder zum Bäcker und holen für die Familie
frische Brötchen.

5 An einem Morgen unterhalten sie sich, bis sie an der Reihe
sind.
Jens meint: „Ich weiß wirklich nicht, was wir heute machen
sollen, Peter.
Wir haben mit den Rädern schon das ganze Dorf erkundet!"

10 „Ja, echt langweilig hier", stimmt sein Bruder zu.
Der Bäcker hat das gehört und mischt sich in das Gespräch ein.
„Na, alles gesehen habt ihr wohl noch nicht! Oder seid ihr schon bei
Haus Schreck gewesen?"
„Wo?!", fragen die Jungen wie aus einem Mund.

15 „Na, ganz am Ende des Weidenwegs steht ein verlassenes Haus,
das Haus Schreck eben. Dort spukt es nämlich!",
erklärt ihnen der Bäcker.
„Was?!", rufen die Kinder. „Das ist ja toll! Da müssen wir hin!
Danke für den Tipp!"

20 Der Bäcker grinst, packt ihnen acht Brötchen in die Tüte – wie immer – und
gibt ihnen zum Schluss noch einen guten Tipp: „Fahrt ruhig hin und seht es
euch an. Aber klettert nicht hinein – das wäre Hausfriedensbruch!"
„Alles klar!", antwortet Jens, der ältere der beiden Jungen. „Und tschüss!",
ruft Peter noch, dann sitzen sie schon wieder auf ihren Fahrrädern.

25 Ab nach Hause!

Beim Frühstück rutschen sie ungeduldig auf ihren
Stühlen hin und her.
Mutter wundert sich: „Was ist denn heute mit
30 euch los?"
Jens fragt: „Mutti, dürfen wir gleich raus
und Rad fahren?"

BVK DE05 • Katharina Sorbe: Lesekonferenzen Band 2

Fragen Seite 33

Schwarze Feder kam aus dem Tipi und streckte sich.
Es war noch früh.
Genau in diesem Moment kam sein Freund *Kleine Wolke* aus dem Nachbarzelt.
Die beiden Jungen lachten sich an und rannten los zum Fluss.

5 Obwohl der Sommer schon zu Ende ging, badeten sie jeden Morgen
im kühlen Flusswasser.

Die Sonne ging auf und die beiden Jungen spritzten sich vergnügt
gegenseitig nass.

10 Erst als sie zu ihren Zelten zurückgingen, bemerkten sie die Geschäftigkeit
zwischen den Tipis.
„Die Männer machen sich auf, Büffel zu jagen!", rief *Schwarze Feder* auf-
geregt.
„Los, wir fragen, ob wir mitreiten dürfen!", antwortete *Kleine Wolke*.

15 Sie stürmten zum Platz in der Mitte des Dorfes.
Hier schwangen sich gerade alle Männer des Stammes auf ihre
gescheckten Ponys.
Häuptling *Schneller Pfeil* wies die Jungen zurück, bevor sie den Mund auf-
machen konnten.

20 „Ihr bleibt hier! Los jetzt, Männer!" Mit Geheul preschte die Gruppe davon
und ließ nur eine Staubwolke zurück.

Die beiden Indianerjungen sahen sich an.
Dann flüsterte *Schwarze Feder:* „Ein paar Ponys sind ja noch da ..."

Fragen Seite 34

Es war einmal vor langer Zeit ein armes Bauernpaar, das lebte mit seinem Sohn in einer erbärmlichen Hütte. Ein Stück Land, ein paar Kühe, Ziegen und Hühner – das war ihr ganzer Besitz.

Mehr schlecht als recht kamen sie durchs Leben. Aber sie

5 waren fleißig und rackerten sich ab von früh bis spät.

Hans, der Sohn, war nun schon über sechs Jahre alt. Ein stiller Junge, freundlich, aber immer ein wenig traurig. Im Dorf tuschelten die Leute über ihn: „Warum ist der Hans bloß immer so traurig?"

„Das ist die Armut", meinte die Bäckersfrau dann immer, „die kann einen schon

10 trübsinnig werden lassen." „Aber doch kein Kind!", riefen dann stets die anderen. „Kinder sind doch immer fröhlich und spielen!"

Hans selbst fragte sich oft, warum er nicht recht fröhlich sein konnte wie die anderen Kinder. Gewiss, die Familie war arm, aber er hatte doch ein warmes Bett, Kleidung und Essen. Nein, die Armut machte ihm nichts aus. Es war ihm,

15 als fehlte ihm etwas.

Seine Eltern waren gut zu ihm, doch glücklich waren auch sie nicht. Abends, wenn Hans wieder einmal nicht schlafen konnte, hörte er sie oft streiten. Er konnte aber nicht deutlich vernehmen, worüber sie stritten.

Am Abend vor seinem siebten Geburtstag wollte Hans endlich wissen, was der

20 Streit zu bedeuten hatte. Während seine Eltern glaubten, er schliefe fest, schlich er zur Tür und horchte.

„Sieben Jahre wird der Bub morgen! Und nicht nur er! Nur keiner weiß es! Schande über dich, Frau! Wie konntest du nur dein Kind hergeben?" Das war die zornige Stimme des Vaters.

25 Hans hielt den Atem an: Kind hergegeben? Aber er war doch hier!

In der guten Stube schimpfte die Mutter zurück: „Wir hatten Not, das weißt du! Verhungert wären wir alle vier, hätten wir das schreiende Bündel nicht weggegeben! Meinst du nicht, mir hätte es auch das Herz gebrochen? Jeden Tag denke ich an Michel ... Ohh ..."

30 Hans hörte, wie die Mutter weinte. Auch ihm rollten Tränen die Wangen hinunter. Jetzt verstand er die Wahrheit. Zu zweit waren sie auf die Welt gekommen – und Michel, sein Bruder, war nicht mehr da! Wo war er nur?

In seine Gedanken hinein vernahm er den Zorn seines Vaters: „Das Jahr war schlecht, das stimmt, aber es wurde besser! Du warst habgierig und wolltest nur die

35 goldene Kette von der alten Josefine besitzen – und gabst dafür dein eigen Fleisch und Blut her!" Wütend stapfte Vater hinaus und ließ die Mutter schluchzend zurück. Hans konnte kaum verstehen, was sie murmelte: „Habe die Kette nie verkauft, nie mehr angesehen, nur im Ziegenstall versteckt ... dieses Unglücksding!" Mit hochrotem Kopf und zitternd am ganzen Körper kletterte Hans in sein Bett

40 zurück. Seine Gedanken überschlugen sich. Er hatte einen Zwillingsbruder! Michel! Der wurde morgen auch sieben Jahre alt!

Ob er genauso aussah wie er? Zu gerne hätte Hans ihn sogleich bei sich gehabt! Jetzt wusste er, was ihm die ganze Zeit gefehlt hatte: Sein Bruder! Plötzlich setzte er sich kerzengerade im Bett auf.

BVK DE05 · Katharina Sorbe: Lesekonferenzen Band 2

45 Die alte Josefine! Das war doch die alte Frau, die alleine im Wald wohnte und von allen im Dorf nur „die Hexe" genannt wurde! Sollte dieses schreckliche Weib seinen Michel haben? Hans konnte nur noch eines denken: „Ich muss ihn befreien!"
Er wartete, bis seine Eltern schliefen, dann zog er sich leise an, nahm eine Kerze und ein paar Streichhölzer aus der Küche und ging in den Ziegenstall.

50 In den Futtertrögen, unter dem Stroh, hinter der Tür war nichts zu finden.
Hans fing an, den Stall sorgfältig zu fegen und jeden Stein darunter zu untersuchen. Endlich fand er einen Stein, der locker war. Er rüttelte daran, hob ihn hoch - und entdeckte darunter eine unscheinbare Holzdose. Mit zitternden Fingern öffnete er sie. Da lag sie. Eine schwere goldene Kette, bestehend aus etlichen glänzenden Gold-

55 kugeln. Schnell steckte er die Kette in seinen Beutel und machte sich auf den Weg in den Wald. Es war dunkel und er hatte Angst. Aber er wanderte tapfer weiter.
Der Vollmond erhellte die Nacht, sodass er den Weg recht gut finden konnte.
Bald würde der Morgen grauen. „Schuschuuu!" Da kam eine Eule angeflogen.
Sie raunte ihm zu: „Um sieben Uhr musst du ihn befreien! Zur Geburtsstunde!"

60 Hans beeilte sich noch mehr. Als es dämmerte, erblickte er das verwitterte Haus im Wald. Ein eiserner Zaun umgab das Grundstück. Das Tor war mit einer Eisenkette verhängt.
Hans suchte nach einer Lücke im Zaun, rüttelte am Tor - vergeblich. Da hörte er etwas flattern. Die Eule kam wieder zu ihm. „Löse die Kette mit der Kette!",

65 krächzte sie Hans zu. Was sollte das heißen?
Hans überlegte fieberhaft. Die Zeit drängte! Es hieß, dass die Hexe ihre Macht verlor, sobald das Tor geöffnet ward. Hans kramte in seinem Beutel nach einem Werkzeug, mit dem er die Eisenkette lösen könnte. Da fiel ihm die goldene Kette entgegen. „Ah, jetzt verstehe ich den Hinweis der Eule!", dachte Hans. Er hielt die

70 Goldkette an die Eisenkette des Tores. Sie zersprang und das Tor schwang quietschend auf. Hans eilte auf das Haus zu, die Goldkette fest in der Hand. Es war genau sieben Uhr. „Josefine!", rief er laut und furchtlos. „Gebt meinen Bruder heraus! Hier habt Ihr Eure goldene Kette zurück, die Ihr vor sieben Jahren meiner Mutter gabt!" Da ging die Tür des Häuschens auf und eine bucklige Alte stand da.

75 Sie krächzte: „Was willst du, Bürschchen? Deinen Bruder, diesen Taugenichts?"
Dann fiel ihr gieriger Blick auf die Goldkette. „Ah ... mein Schätzchen, das goldene Kettchen! Gib es mir!" „Erst will ich meinen Bruder zurückhaben!", beharrte Hans.
Die Hexe knurrte, rief Michel aber herbei. Scheu blickte er Hans an: „Wer bist du? Was willst du hier?" Hans streckte ihm die Hand hin. „Komm mit mir. Ich bringe

80 dich nach Hause! Ich bin dein Bruder Hans." Michel schluckte, blickte Hans zunächst ungläubig, dann freudestrahlend an, ergriff seine Hand und rannte mit ihm davon - zum Tor hinaus, in den Wald hinein.
„Ja, geht nur, ihr unnützen Bengels! Ich habe mein Gold wieder, haha!", rief die alte Josefine ihnen nach.

85 Die Eule kam herbei und flog den Jungen voran. Hand in Hand rannten sie durch den Wald. Bald sahen sie in der Ferne das kleine Bauernhaus ihrer Eltern.

 Fragen Seite 35

BVK DE05 · Katharina Sorbe: Lesekonferenzen Band 2

Es war einmal ein junges Königspaar, das lebte glücklich und zufrieden in einem
herrlichen Schloss.

Das einzige, was ihnen noch zu ihrem Glück fehlte, war ein Kind.

Bald wurde ihr Wunsch erfüllt und die Königin bekam ein kleines, blondes Mädchen.

5 Die Eltern waren überglücklich und nannten sie Irmgard Margarete.
Von nun an beherrschte das kleine Mädchen ihr Leben. Sie liebten
und herzten das Kind den ganzen Tag, gingen mit ihm spazieren
und spielten stundenlang mit ihm.

Als es heranwuchs und laufen und sprechen lernte, erfüllten sie

10 dem Mädchen jeden Wunsch.

Und die kleine Prinzessin hatte viele Wünsche. Da sie aber
zur Höflichkeit erzogen war, sagte sie nicht „Ich will
aber!", sondern „Ich möchte".

„Ich möchte eine neue Puppe haben!", rief Irmgard schon

15 früh am Morgen und warf ihre anderen Puppen im Kin-
derzimmer herum.

„Ja, natürlich, mein Schatz!", rief dann die Mutter und
schickte den Dienstboten los, um eine neue Puppe zu
kaufen.

20 „Ich möchte ein Pony haben!", rief Irmgard, als der
Vater mit ihr an den Koppeln entlang spazieren ging.

„Sofort, mein Schatz!", antwortete der König sogleich und schickte den Stallmeister
los zum nächsten Ponyhof, um ein liebes Pony für die Königstochter zu kaufen.

Als es Irmgard nachmittags gezeigt wurde, rief sie empört: „Ich möchte aber ein

25 braunes Pony, kein schwarzes!" Also wurde das Pony umgetauscht.

Beim Abendessen gefiel Irmgard auch so einiges nicht. „Ich möchte weißes Brot!
Ich möchte Käse statt Wurst!

Ich möchte einen Apfel, keine Möhre! Ich möchte Saft und keinen Tee!"

Die Eltern bestellten sogleich bei der Küchenmagd alles, was Irmgard sich wünschte.

30 Die Dienstboten seufzten wegen der vielen Sonderwünsche und nannten die Prinzessin heimlich „die kleine Prinzessin *Ichmöchte*"! Den ganzen Tag kommandierte das
Kind die Erwachsenen herum und die Eltern merkten es nicht.

Als aber der Sommer kam und die Dienstboten bis auf den treuen Heinrich Urlaub
hatten, musste das Königspaar die vielen Wünsche ihres Töchterchens selbst erfül-

35 len und lief den ganzen Tag herum, um es der kleinen Irmgard nur ja rechtzumachen.

„Ich möchte im Bett frühstücken! Ich möchte ein anderes Kleid anziehen!
Ich möchte im Garten spielen! Ich möchte von jemandem getragen werden! Ich
möchte Nudelsuppe essen! Ich möchte heute baden gehen! Ich möchte jetzt eine
Geschichte vorgelesen bekommen!" Abends waren die Eltern sehr erschöpft.

40 Irmgard aber war sehr zufrieden.

Doch als sie am nächsten Morgen aufwachte, kam niemand in ihr Zimmer, als sie rief.
Nanu? Wo waren die Dienstboten? Wo waren ihre Eltern? Sie rief laut:
„Ich möchte gebadet werden! Ich möchte Frühstück haben!" Doch
nichts rührte sich im Schloss. Die kleine *Ichmöchte* stand auf

45 und machte sich auf die Suche nach den Erwachsenen. „Mama! Papa! Wo seid ihr?"
Sie lief zum Schlafgemach ihrer Eltern. „Was ist mit euch?", fragte sie.
„Ihr müsst aufstehen und euch um mich kümmern!" Doch die Eltern krächzten nur
heiser. „Wir sind beide krank. Hole Heinrich! Er muss sich um uns kümmern!"
Irmgard lief sofort zum Zimmer des Dieners und klopfte laut. „Heinrich! Steh auf!
50 Komm raus! Die Eltern sind krank! Du musst dich kümmern!"
Aber Heinrich krächzte durch die Tür: „Ich bin leider auch erkrankt! Habe Fieber.
Kann nicht aufstehen.
Du musst dich um die Majestäten kümmern!"
Irmgard war empört: „I c h? Soll ich vielleicht Frühstück machen? Betten aus-
55 schütteln und die Böden wischen? Das habe ich doch noch nie gemacht! Ich bin
schließlich die Prinzessin Irmgard!"
Da reichte es Heinrich und er krächzte: „Du bist die kleine Prinzessin *Ichmöchte!*
Aber verstehe jetzt, dass nicht du im Mittelpunkt stehst, sondern dass deine
Eltern dich brauchen!"
60 Irmgard zitterte vor Wut und rannte weg, raus in den Garten. Was traute sich der
alte Heinrich?!
Prinzessin *Ichmöchte* hatte er sie genannt! Wie unverschämt! Sie hatte doch nie …
oder doch, aber nur manchmal … naja, häufig gesagt, was sie gerne haben wollte …
Was war daran verkehrt? Alle Wünsche waren ihr stets erfüllt worden und jetzt
65 – mit 8 Jahren – musste Irmgard feststellen, dass sie überhaupt nichts alleine tun
konnte: Sich nicht selbst waschen und anziehen, nicht den Frühstückstisch decken
und alleine spielen. Anderen helfen? Sich um andere kümmern? „Wie geht das?",
fragte sie sich. Bisher hatten sich immer andere um sie gekümmert …
Erst war sie wütend über den Rasen gestapft, jetzt blieb sie plötzlich stehen.
70 „Mama und Papa brauchen mich!", dachte sie, ein wenig überrascht. Schnell lief sie
zum Schloss zurück, ging direkt in die Küche und suchte alles für ein leckeres Frühstück zusammen. Dann trug sie das Tablett ins Schlafzimmer ihrer Eltern. Beide
hatten Fieber und fühlten sich gar nicht gut.
„Hier, trinkt bitte etwas Tee", sagte Irmgard besorgt. Dann holte sie kühle Tücher
75 und legte jedem eines auf die Stirne. „Schlaft noch ein bisschen. Ich hole Doktor
Hansen!" Nun räumte Irmgard noch das Zimmer auf und lüftete. Dann eilte sie ge-
schäftig davon. Bald darauf kam sie mit dem Arzt wieder. Er untersuchte die Eltern
und später auch Heinrich und ließ Medizin da.
„Es wird ihnen bald besser gehen, Fräulein Irmgard!", versprach er beim Abschied.
80 „Ich kümmere mich um sie!", antwortete die Prinzessin.
In den nächsten Tagen wuchs Irmgard über sich hinaus. Sie wusch, putzte, kochte,
las vor.
„Du bist ja eine richtige kleine Krankenschwester!", wunderten sich die Eltern und
freuten sich. Sie fühlten sich schon besser. Und Irmgard? Sie fühlte sich so gut
85 wie nie zuvor. „Ich wusste gar nicht, wie schön es ist, gebraucht zu werden und alles
selbst machen zu können!", stellte sie fest und verkündete: „Von nun an
wird hier im Schloss alles anders!"

~~~ Fragen Seite 36 ~~~

Kasper:	„Tritratrulala! Tritratrulala! Das Kasperle ist wieder da! Hallo Kinder! Seid ihr alle da?"
Publikum:	„Ja!"
Kasper:	„Das ist gut. Dann bin ich nicht alleine. Ich habe nämlich solche Angst vor dem Räuber! Der kommt in letzter Zeit täglich aus dem Wald zu uns in die Stadt und stellt etwas Schlimmes an!"
Seppel:	„Hallo, Kasper, da bist du ja! Ich suche dich schon überall!"
Kasper:	„Wieso? Was ist denn los?"
Seppel:	„Der König braucht dich! Alle Leute sollen sich auf dem Schlosshof versammeln! Der König hat etwas Wichtiges zu verkünden!"
Kasper:	„Was kann das nur sein? Ob es mit dem Räuber zu tun hat?"
Seppel:	„Bestimmt! Der Kerl wird ja täglich frecher! Und der König hat Angst, dass der Räuber auch vor dem Schloss nicht Halt macht."
Kasper:	„Also los, Seppel, gehen wir hin und hören, was Majestät seinem Volk zu sagen hat!"
Seppel:	„Kinder, kommt ihr mit?"
Publikum:	„Ja!"

Auf dem Schlosshof. Der König steht auf dem Balkon des Schlosses.

König:	„Meine lieben Untertanen! Ich habe euch rufen lassen, damit wir gemeinsam gegen den Räuber Hohlzahn vorgehen, der immer frecher wird! Wie ihr sicher wisst, kommt er mittlerweile jeden Tag aus dem Wald zu uns in die Stadt und stiehlt, was nicht niet- und nagelfest ist."
Großmutter:	„Erst gestern hat er mein Tafelsilber gestohlen! Dieser freche Kerl! Ich will meine silbernen Löffel zurückhaben!"
König:	„Nur die Ruhe, Verehrteste! Sie erhalten das gestohlene Diebesgut zurück – so wahr ich König Robert der Große heiße! Wir werden den Räuber einfangen und dann wandert er für immer hinter Gitter!"
Seppel:	„Wie soll das gehen, eure Majestät?"
König:	„Wir werden dem Räuber eine Falle stellen und ihn dabei gefangen nehmen! Leider fehlt mir bisher die richtige Idee. Ich bitte um Vorschläge aus meinem Volk bis Sonnenuntergang! Dann treffen wir uns wieder alle hier! Das ist ein königlicher Befehl!"
Alle:	„Jawohl, Majestät!"
Kasper zu Seppel:	„Ich hätte da schon eine gute Idee ..."

Fragen Seite 37

BVK DE05 · Katharina Sorbe: Lesekonferenzen Band 2

E

Es schellt an der Haustür. Frau Wichern öffnet die Tür.

Mutter: „Hallo Jan, da bist du ja! Wie war es in der Schule?"

Jan: „Wie immer. Du, Mutti, heute ist Montag. Da gibt es doch Taschengeld!"

5 **Mutter:** „Ja, richtig. Möchtest du deinen Euro jetzt gleich haben?"

Jan: „Mama, das ist zu wenig! Die anderen Kinder kriegen viel mehr Taschengeld!"

Mutter: „So? Wer denn? Und wie viel?"

Jan: „Martin bekommt 12 Euro im Monat und Lisa sogar 5 Euro in der Woche! Und ich kriege nur einen Euro in der Woche! Davon kann man sich doch fast

10 nichts kaufen!"

Mutter: „Na, für ein Eis oder ein paar Bonbons reicht es doch. Und alles andere bekommst du doch von uns: Schulsachen, Kleidung, Bücher, Essen, Sportsachen und so weiter! Da brauchst du doch nicht mehr Geld!"

Jan: „Doch! Ich möchte mir ja auch mal ein Comic-Heft kaufen oder eine andere

15 Kleinigkeit! Da reicht ein Euro einfach nicht!"

Mutter: „Dann musst du eben darauf sparen."

Jan: „Das dauert doch ewig! Und die anderen können sich alles kaufen. Das ist ungerecht!"

Mutter: „Ich finde es nicht gut, wenn Kinder mit 9 Jahren schon so viel Taschengeld

20 bekommen wie Martin und Lisa. Was machen die denn mit all dem Geld?"

Jan: „Na, die kaufen sich Spiele und gehen ins Kino und alles mögliche!"

Mutter: „Ins Kino gehe ich auch manchmal mit dir, und Spiele kannst du dir zum Geburtstag und zu Weihnachten wünschen."

Jan: „Das ist gemein!"

25

Jan rennt in sein Zimmer und schlägt die Tür zu.
Nach einer Viertelstunde klopft seine Mutter an.

Mutter: „Darf ich reinkommen, Jan?"

30 **Jan:** „Ja. Was ist denn?"

Mutter: „Ich habe mal im Internet nachgesehen, wie viel Taschengeld für einen Neunjährigen empfohlen wird. Und das sind 2 Euro in der Woche. Zehnjährige sollen 12 Euro im Monat bekommen.
Weißt du, Kinder müssen ja erst einmal lernen, mit Geld umzugehen.

35 Je älter sie werden, desto mehr Geld bekommen sie. Sie merken, dass sie ihr Geld einteilen oder auch mal für eine Sache sparen müssen. Man kann nicht immer alles sofort haben."

Jan: „Das ist mir doch schon klar!"

Mutter: „Ja, ich weiß. Ich habe über deine Argumente nachgedacht und verstehe

40 dich. Du bekommst ab sofort 2 Euro in der Woche, okay?"

Jan: „Echt?! Super, Mami! Danke! Das ist ja toll!"

Mutter: „Hier sind 2 Euro! Was machst du diese Woche mit deinem Taschengeld?"

Jan: „Das kommt in die Spardose! Ich spare für ...!"

Fragen Seite 38

Regenschirm

Ein Schirm im Frühling ist nicht schlecht
er wird dem Wetter sehr gerecht.
Wär' da nicht doch noch ein Problem:
Man lässt ihn gern irgendwo steh'n.

5 Wir werden nass und auf die Dauer
auf diese Schirme ziemlich sauer.
Schon wird ein Taschenschirm gekauft
um uns in Sicherheit zu wiegen –
den lässt man dann sehr gerne liegen.

10 Drum frage dich mit viel Geduld:
Trägt hier wirklich der Schirm die Schuld?

© Yvette Tiefers

Fragen Seite 39

Mo Di Mi Do Fr Sa So -
bitte wer, was, wie und wo?
Ja, uns're Woche, die heißt so!

5 Mo wie Montag, ist doch klar,
Schule los, hei hopsasa!
Di wie Dienstag, kein Problem,
ich will meine Freunde seh'n!
Mi wie Mittwoch, mittendrin,
10 geh' ich auch zur Schule hin!
Do wie Donnerstag, krabumm,
lerne weiter, sei nicht dumm!
Fr wie Freitag, fast geschafft,
so 'ne Woche kostet Kraft!
15 Sa wie Samstag, ruh dich aus,
geh schön spielen, auch mal raus!
So wie Sonntag, ist das schön,
wenn wir all' spazieren geh'n!

20 Mo Di Mi Do Fr Sa So -
bitte wer, was, wie und wo?
Ja, uns're Woche, die heißt so!

© Katharina Sorbe

Fragen Seite 40

16

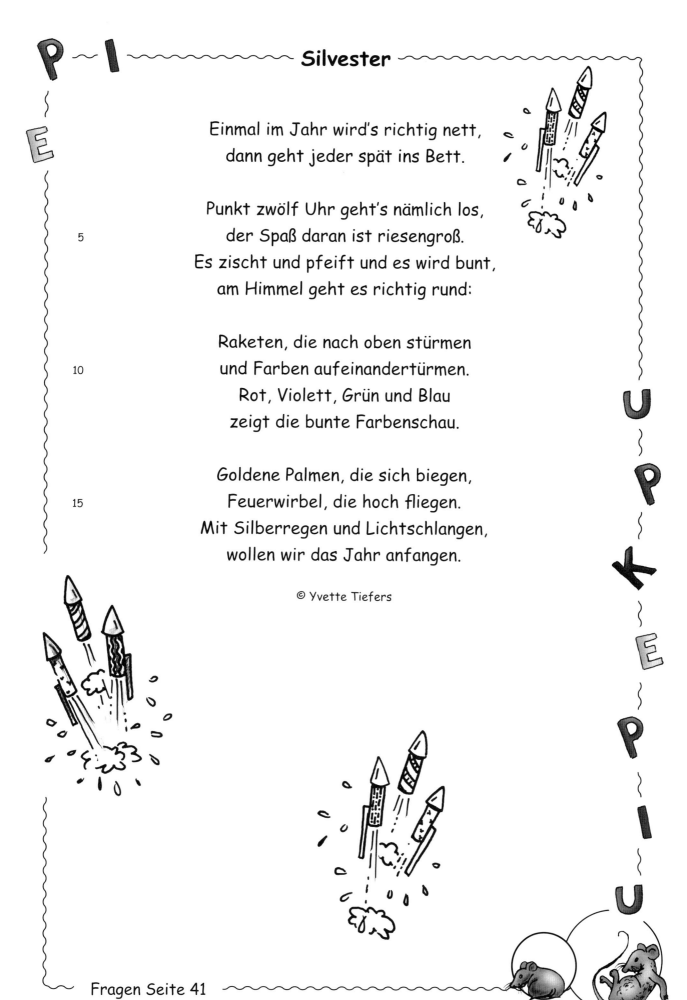

Silvester

Einmal im Jahr wird's richtig nett,
dann geht jeder spät ins Bett.

Punkt zwölf Uhr geht's nämlich los,
5   der Spaß daran ist riesengroß.
Es zischt und pfeift und es wird bunt,
am Himmel geht es richtig rund:

Raketen, die nach oben stürmen
10   und Farben aufeinandertürmen.
Rot, Violett, Grün und Blau
zeigt die bunte Farbenschau.

Goldene Palmen, die sich biegen,
15   Feuerwirbel, die hoch fliegen.
Mit Silberregen und Lichtschlangen,
wollen wir das Jahr anfangen.

© Yvette Tiefers

Fragen Seite 41

Max und Moritz-Lied

(nach der Melodie von „Kalle Blomquist, der Meisterdetektiv …")

Refrain: Max und Moritz,
die beiden frechen Jungs,
Max und Moritz,
die beiden frechen Jungs.

5

Strophe 1:
Die Hühner leben friedlich,
der Spitz lässt sie in Ruh',
wenn sie am Baume hängen,
kann er doch nix dazu.

10 **Strophe 2:**
Schon in der Pfanne schmurgeln,
die Hühner, braun und zart,
sie hol'n sie mit der Angel:
„Ihr seid genug gegart!"

15

Strophe 3:
Schneider Böck geht baden,
das war doch nicht geplant.
Die Brücke war gefährlich,
das hat er nicht geahnt.

20 **Strophe 4:**
Lämpel nimmt die Pfeife
und zieht sich aus die Schuh'.
Doch plötzlich explodiert sie,
vorbei ist's mit der Ruh!

25

Strophe 5:
Onkel Fritz will schlafen
und deckt sich schön warm zu.
Die Käfer in dem Bette
bekrabbeln ihn im Nu!

30 **Strophe 6:**
Dem Bäcker woll'n sie stehlen,
die Brezel knusprig braun.
Der schnappt und backt sie selber,
dass sie wie Brot ausschaun.

35

Strophe 7:
Der Müller, ach, der schnappt sie,
jetzt ist es gleich vorbei,
sie rattern durch die Mühle,
geschrotet sind die zwei.

Fragen Seite 42

BVK DE05 · Katharina Sorbe: Lesekonferenzen Band 2

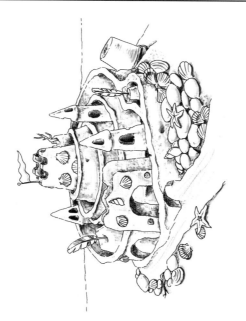

Klara Kwelrad

Bahnhofstr. 15

65656 Lützi

Domburg, den 15.6.2010

Liebe Omi,

viele Grüße aus Holland! Wir sind als Abschlussfahrt im
4. Schuljahr an die Nordsee gefahren. Die Jugendher-
5 berge ist in einem alten Wasserschloss untergebracht.
Die Zimmer sind schön und das Essen schmeckt prima!
Auf dem Hof stehen 25 Fahrräder, die Frau Lindner
für uns gemietet hat. Jeden Tag fahren wir los, um die
Gegend zu erkunden.

10 Natürlich sind wir auch jeden Tag am Strand. Das Wetter ist herrlich und wir toben in den Wellen herum.

Aber gestern Abend haben wir alle einen Riesenschreck
bekommen: Bei der Nachtwanderung war Tobi auf einmal
15 verschwunden! Er hatte sich im Wald verirrt! Erst der
Hausmeister, den wir zu Hilfe riefen, konnte ihn eine
Stunde später mit seinem Hund aufspüren. Mann, waren
wir alle froh!

20 Heute Abend grillen wir am Haus. „Keiner verlässt das
Gelände!", hat Frau Lindner gesagt! Das ist wohl auch
besser so! Du siehst, wir erleben viele spannende Sachen
hier!

25 Bis bald!
Dein Nils

Erich-Kästner-Schule

Erich-Kästner-Schule
Klasse 4b
Kästnerstraße 50
54321 Sternen

Sternen, den 12.09.2010

5

An den Bürgermeister
Egon Reichlich
Rathaus der Stadt Sternen
Sternenweg 10
10 **54321 Sternen**

Sehr geehrter Herr Bürgermeister Reichlich,

da wir nicht alle zusammen in Ihre Bürgersprechstunde kommen können,
15 schreiben wir Ihnen diesen Brief.

Wir sind die Klasse 4b der Erich-Kästner-Grundschule, 12 Jungen und
14 Mädchen.
Grundsätzlich sind wir mit unserer Schule zufrieden und geben uns alle
20 Mühe, viel zu lernen. Dies fällt uns aber jetzt – im Winter – sehr schwer,
vor allem in der ersten Stunde.
Es ist draußen nicht nur kalt, sondern auch noch stockdunkel!
Wenn wir um 8.00 Uhr schon Texte lesen, Gedichte aufsagen, Rechen-
aufgaben lösen oder Rechtschreibregeln lernen sollen, kommt es uns so vor,
25 als sei es noch mitten in der Nacht. Viele Kinder sind noch müde und können
sich nicht konzentrieren.
Es ist doch auch wirklich seltsam, bereits im Klassenraum zu sitzen,
wenn draußen noch tiefschwarze Nacht herrscht!

30 Daher unser Vorschlag und unsere Bitte an Sie:
Könnte die Schule in den Wintermonaten (November bis Februar) nicht
immer erst um 9.00 Uhr anfangen?
Das fänden bestimmt auch die Lehrer besser!
Was meinen Sie dazu?
35 Wir denken, alle Schüler würden sich darüber freuen!
Bitte schreiben Sie uns zurück.

Mit freundlichen Grüßen
Mark Schwarz (Klassensprecher der 4b)

Köln, den 2. Mai 2010

Lieber Mark!

Das muss ich dir erzählen!
Gestern haben wir – wie jedes Jahr am 1. Mai – einen Fami-
5 lienausflug gemacht. Und wie immer hatte ich keine Lust! Du
weißt ja: Tante Elfriede und Onkel Max rauschen dann immer
aus Stuttgart an. Sämtliche Omas und Opas sind mit von der
Partie und dann noch mein nerviger Cousin Sascha! Meistens
besuchen wir auch noch eine langweilige Ausstellung oder wandern
10 stundenlang durch die Felder! Furchtbar! Also wollte ich mich dieses Jahr
weigern mitzugehen. Als ob mein Vater Lunte gerochen hätte, fragte er mich
Anfang des Jahres, was mich denn mal interessieren würde. „Was mit Drachen!", antwortete ich natürlich, denn das ist seit einiger Zeit mein Lieblings-
thema. „Ha!", dachte ich noch, „dem hast du es aber gegeben! Mit Drachen
15 findet er sicher nichts!" Pustekuchen!
Nun, gestern war ja der 1. Mai. Also rückte die liebe Verwandtschaft an. Wir
trafen uns alle um 10 Uhr am … Drachenfels! Ja, echt, so heißt ein Berg im
Siebengebirge am Rhein (bei Königswinter in Nordrhein-Westfalen). Oben
auf dem Berg steht die Ruine der Burg Drachenfels. Die Reste vom Bergfried
20 (dem höchsten Turm der ehemaligen Burg) stehen noch – und man darf sogar
darin herumklettern! Hoch kommt man zu Fuß, mit der Drachenfelsbahn oder
auf Eseln reitend. Ja, du hast richtig gelesen – es gibt einen schmalen Pfad
den Berg hoch, der Eselsweg genannt wird.
Jetzt rate, wie wir den Berg hochgelangt sind! Genau: Die älteren Herr-
25 schaften haben sich alle von der Drachenfelsbahn hochgondeln lassen, aber
Sascha und ich sind auf Eseln hochgeritten! Mann, war das lustig! Zum Glück
waren die Tiere nicht störrisch, sondern zockelten brav den Weg hoch. Oben
erklärte Papa uns dann das Wichtigste aus der Geschichte des Felsens: Der
Berg ist 321 Meter hoch. Die Burg wurde vor langer Zeit erbaut – zwischen
30 1138 und 1167. Der letzte Burggraf vom Drachenfels, Heinrich, starb 1530.
Im Dreißigjährigen Krieg (17. Jahrhundert) wurde die Burg zerstört – und
seitdem nicht wieder aufgebaut. „Alles gut und schön", dachte ich, „aber wieso heißt der Berg Drachenfels?!" Papa erklärte auch das: „Der Legende nach
lebte hier auf dem Drachenfels einst ein Untier in einer Höhle. Von Zeit zu
35 Zeit kam es hervor und holte sich einen Menschen zum Fraß. Nach der Nibe-
lungensage hat Siegfried den Drachen getötet. Eine andere Sage erzählt, der
Drache sei im Rhein ertrunken." Was meinst du? Ich tippe auf den tapferen
Siegfried! Runter sind wir gelaufen. Auf halber Strecke kamen wir an der
Nibelungenhalle vorbei. Daneben liegt in einer Felsgrotte ein Drache! Er ist
40 aus Stein und 15 Meter lang. Sascha und ich haben uns gegenseitig mit dem
Drachen fotografiert. Das Foto schicke ich dir im nächsten Brief!

Tschüss! Und schreib mir schnell zurück!   Dein Freund Frank

Liebes Tagebuch! 19.10.2010

Ich muss mal Dampf ablassen! Du glaubst nicht, was heute in der Reithalle passiert ist!

5 Seit einer Woche bin ich jetzt schon hier in den Reiter-
ferien auf dem Hof „Pferdeglück" und
hatte mich gut eingelebt. Die beiden
Mädchen auf meinem Zimmer sind nett
und das Pony, das der Reitlehrer Herr

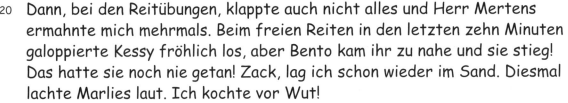

10 Mertens mir zugeteilt hatte, gefiel mir
auch auf Anhieb. Kessy ist lebhaft, aber
lieb und mag Galopp genau wie ich.
Aber heute in der Reitstunde ging einfach alles schief. Ich war ein paar Minu-
15 ten zu spät dran, sattelte Kessy eilig und
vergaß dann, in der Halle nachzugurten.
Prompt rutschte der Sattel zur Seite und
ich fiel runter – wie peinlich! Marlies vom
Nachbarzimmer lachte hämisch! Dieses Miststück!

20 Dann, bei den Reitübungen, klappte auch nicht alles und Herr Mertens
ermahnte mich mehrmals. Beim freien Reiten in den letzten zehn Minuten
galoppierte Kessy fröhlich los, aber Bento kam ihr zu nahe und sie stieg!
Das hatte sie noch nie getan! Zack, lag ich schon wieder im Sand. Diesmal
lachte Marlies laut. Ich kochte vor Wut!

25 Aber dann kam das Schlimmste! Beim Absatteln kam Herr Mertens zu mir
und sagte, in den nächsten Reitstunden sollte ich auf Bento reiten. Marlies
würde Kessy bekommen. Alle müssten mal tauschen, damit sich keiner zu
sehr an ein bestimmtes Pony gewöhnt.

30 Na toll! Ausgerecht Marlies soll meine Kessy bekommen?! Ich könnte aus-
flippen! Am liebsten würde ich abreisen! Was soll ich nur tun?

Bis morgen,
deine Linda

Steckbrief über mich

Brieffreundschaften zwischen Schülern
der Astrid-Lindgren-Schule und der Max-Kruse-Schule

Über mich

Name:	Julian Boscher
5 **Alter:**	9 Jahre
Geburtstag:	5.5.2001
Familie:	Vater, Mutter, ein Bruder (Tim, 5 Jahre)
10 **Adresse:**	Steinweg 8 in 90909 Brückenhof
Telefon:	1234 / 999567
15 **Schule:**	Astrid-Lindgren-Schule
Klasse:	3a
Klassenlehrer:	Herr Heidemann
20 **Lieblingsfächer:**	Sport, Englisch, Sachunterricht
Bester Freund:	Tim Wiechern
25 **Hobbys:**	Fußball, Holzsägearbeiten
Lieblingsbuch:	Buch der Rekorde
Berufswunsch:	Förster
30 **Lieblingsspruch:**	Take it easy!

Lieber Brieffreund!
Bitte schicke mir auch einen Steckbrief über dich!

35

Viele Grüße von
Julian

Fragen Seite 47

BVK DE05 · Katharina Sorbe: Lesekonferenzen Band 2

Der gesuchte Clown

„Neulich war ich mit meinen Eltern im Zirkus. Am Eingang bekamen alle Kinder ein Rätselblatt in die Hand gedrückt.
Man sollte durch eine Personenbeschreibung den gesuchten Clown herausfinden und die Lösung auf dem Blatt ankreuzen. Zu gewinnen gab es eine Freikarte für den Zirkus. Ich habe das Rätsel schnell gelöst!"

Unser Clown August wird gesucht!

Ist es der Clown, der zuerst auftritt? Oder der zweite? Oder der dritte? Entscheide selbst und kreuze an!

5

Hier einige Hinweise:
Unser August ist ein Mann. Er ist etwa 1,80 m groß, wiegt 80 kg und ist 33 Jahre alt. Er hat einen orangenen Lockenkopf. Er trägt ein blau-weiß-gestreiftes Hemd und eine rote Hose mit
10 gelben Hosenträgern. Sein Bauch ist dick ausgestopft. Im obersten Knopfloch steckt eine rosa Nelke. Am Hemdkragen baumelt eine schiefe Schleife. Clown August hat sich heute eine Trillerpfeife umgehängt. Er trägt weiße Handschuhe, gelb-schwarze Ringelsocken und schwarze Riesenschuhe (Größe 50).
15 Der rechte Schuh hat vorne ein großes Loch. Auf seinem Kopf sitzt ein viel zu kleines rotes Hütchen. Und sein Gesicht? Seine Augen sind weiß umrandet, die Augenbrauen schwarz nachgezogen. August trägt eine rote Knubbelnase aus Plastik und hat einen rot geschminkten Mund, der weiß umrandet ist.
20 Seine besonderen Merkmale: Er stolpert ständig über die eigenen Füße, schlägt dauernd Purzelbäume, kann auf den Händen laufen und pfeift alle fünf Minuten in seine Trillerpfeife.

Na, hast du die Lösung?
25 Dann kreuze an: Wer ist August?

Unser Hausmeister in der Schule heißt Günter Winkel.
Er arbeitet schon seit 20 Jahren hier.
Er ist etwa 50 Jahr alt, verheiratet und
hat zwei erwachsene Töchter.

5　Herr Winkel bewohnt mit seiner Frau
Gerda den Bungalow, der auf unserem
Schulhof steht.
Ein kleiner Garten verläuft rund um den
Bungalow. Den pflegt Herr Winkel

10　besonders, denn er liebt Blumen.
Unser Hausmeister ist ein fröhlicher Mensch, der jeden freundlich grüßt.
Er hat eine besondere Angewohnheit: Er pfeift ständig eine lustige Melodie
vor sich hin. Er ist ehrlich, fleißig und immer zur Stelle, wenn etwas getan
werden muss. Das Schulgebäude, der Schulhof und die Turnhalle, aber auch

15　die Außentoiletten und die Sprunggrube sowie der Mülltonnen-Platz sind
seine Aufgabenbereiche. Hier hält er alles sauber und in Ordnung. Er re-
pariert und bessert aus, er streicht und hängt Sachen auf. Er kontrolliert
alle Türen und Fenster, die Heizungsanlage im Keller und die Schulküche.
Im Keller sind außerdem seine Werkstatt und sein Lagerraum.

20

Nur eins kann Herr Winkel gar nicht leiden: Wenn Schüler ihren Müll einfach so auf den Boden fallen lassen. Dann kann er richtig böse werden!
„Heb das sofort auf und bring es zum Mülleimer!", heißt es dann streng.

25　Aber meistens lacht Herr Winkel, deshalb hat er auch Lachfalten um die
Augenwinkel. „Winkelchen" nennen wir Schüler ihn heimlich, weil wir ihn
mögen.
Wie er aussieht?
Unser Hausmeister ist etwa 1, 75 m

30　groß, hat braune, kurze Haare, eine
silberne runde Brille und keinen Bart.
Er ist schlank und sportlich und trägt
immer einen blauen Kittel und Turn-
schuhe.

Fragen Seite 49

25

Falsches Verstecken!

„Kennst du schon das Spiel *Falsches Verstecken?*
Wir haben es neulich beim Kindergeburtstag
gespielt und uns kaputtgelacht!
Bei Stefan durften wir im ganzen Haus herum-
geistern, aber es reicht auch, wenn ihr eine
Wohnung zur Verfügung habt ..."

Spielanleitung

Name:	Falsches Verstecken!
Spielidee:	einer versteckt sich und alle suchen
5 **Mitspieler:**	4 bis 10 Personen
Alter:	6 bis 99 Jahre
Spielort:	das ganze Haus oder die Wohnung oder draußen
Ziel:	das versteckte Kind finden und sich leise dazusetzen
Sieger:	alle, die das versteckte Kind finden und sich leise
10	dazusetzen
Verlierer:	wer als Letzte(r) das versteckte Kind findet
Ende des Spiels:	wenn alle das versteckte Kind gefunden haben
Dauer des Spiels:	ungefähr 15 Minuten

15   **Ablauf:**

Alle Kinder versammeln sich in einem Raum.
Es wird **ein** Kind bestimmt, das sich verstecken
darf. Dieses Kind geht los und sucht sich irgendwo im ganzen Haus, in der ganzen Wohnung oder
20   draußen ein Versteck. (Es sollte sich an einem
Ort verstecken, an den viele Kinder passen:
hinter einem Baum, hinter einem Vorhang, unter
einem Bett, unter einem Tisch ...) Alle anderen
halten sich die Augen zu und zählen bis 50.

25

Dann gehen alle leise los. Es wird alles durchsucht. Wer das versteckte Kind
gefunden hat, ruft nicht laut „Ich hab ihn!", sondern setzt oder stellt sich leise dazu. So werden es immer weniger Kinder, die umhergehen und suchen. Je
weniger Kinder suchen, desto spannender wird es: „Wo sind die anderen bloß
30   alle?" Und: „Hoffentlich bin ich nicht der Letzte, der das Versteck findet!"

Wer zuletzt bei den anderen auftaucht, hat verloren.
Nun wird ein neuer erster Verstecker bestimmt und eine
neue Spielrunde beginnt.

Fragen Seite 50

Süße Waffeln

„Mhm ... lecker, Waffeln! Die schmecken das ganze Jahr über! Egal, ob zum Kindergeburtstag mit Puderzucker, im Sommer mit Eis oder im Winter mit heißen Kirschen und Sahne ...!"

Rezept „Süße Waffeln"

Du brauchst:
- Backzutaten, große Rührschüssel, Rührgerät
- Waffeleisen, Backpinsel, Margarine, Schöpfkelle
5   • Puderzucker, Sieb, kleinen Löffel, Gabel, Teller
- alte Zeitung als Unterlage

Zutaten (reichen für 10 Stück):

300 g Mehl
10   160 g Zucker
200 g weiche Butter oder Margarine
4 Eier
1 Tütchen Vanillezucker
$^1/_2$ Tütchen Backpulver
15   1 Spritzer Zitronensaft
1 Tasse Mineralwasser

So wird's gemacht:
Zuerst die Eier in die Schüssel schlagen.
20   Mit dem Zucker und der Butter (oder Margarine) schaumig rühren.
Den Vanillezucker einstreuen.
Nun das Mehl einrühren.
Mit dem letzten Mehl auch das Backpulver dazugeben.
Zum Schluss einen Spritzer Zitronensaft und das Wasser beigeben.
25   Alles zu einem glatten Teig verrühren.

Alte Zeitung ausbreiten, Waffeleisen daraufstellen.
Waffeleisen heizen, aufklappen und Flächen mit Margarine bepinseln.
Schüssel mit Teig danebenstellen und eine Kelle Teig auf das untere Eisen
30   füllen.
Waffeleisen schließen und warten, bis die Waffel goldbraun gebacken ist.
Mit einer Gabel die fertige Waffel entnehmen und auf einen Teller legen.
Abkühlen lassen.
Puderzucker in ein Sieb füllen und mit einem kleinen Löffel darin rühren,
35   sodass die Waffel bestäubt wird.

Guten Appetit!

Fragen Seite 51

BVK DE05 · Katharina Sorbe: Lesekonferenzen Band 2

Mehr Gorillas als gedacht

Naturschützer entdecken 125 000 Menschenaffen im Kongo in Afrika.

5 **Tiere** • Gute Nachrichten von den Gorillas in Afrika haben Forscher verbreitet. Von den Westlichen Flachlandgorillas gibt es viel mehr Tiere als gedacht. Diese Gorillas sind vom Aussterben bedroht. Doch nun haben Naturschützer nachgezählt. Sie zogen im afrikanischen Land Kongo los und schauten auch in weit abgelegene Gegenden, in sumpfige Wälder und Lichtungen.

Ergebnis: Etwa 125 000 Gorillas leben allein dort im Norden des Landes. „Wir wussten von unseren eigenen Beobachtungen, dass es dort draußen viele Gorillas gibt. Aber wir hatten keine Ahnung davon, dass es so viele sind", sagte Emma Stokes, die das Projekt leitet.

Wahrscheinlich wurden jetzt auch so viele Tiere gefunden, weil in die Gegenden eher selten Wilderer kommen. Allerdings ist das Gebiet nicht geschützt. Das soll sich jetzt ändern.

© Johannes Refisch

aus: Knuts Klartext für Kinder. Die Kindernachrichten in der Neue Ruhr Zeitung / Neue Rhein Zeitung, 08.08.2008.

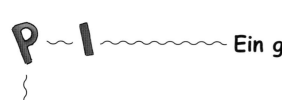

Ein ganz besonderer Tag

Felix aus Rees-Haldern feiert heute, am 08.08.2008, seinen 8. Geburtstag. So ein Schnapszahl-Datum soll auch Glück bringen.

5 **Kalender** • Auf den heutigen Freitag hat sich Felix Boshuven schon lange gefreut und sogar die Tage im Kalender abgestrichen. Denn der Junge aus 10 Rees-Haldern am Niederrhein hat heute Geburtstag – und einen ganz besonderen noch dazu: Er wird heute, am 08.08.2008, 8 Jahre alt. Lustig, oder? „Dabei ist doch die Sieben meine Lieb-15 lingszahl", sagt Felix lachend.

Viele Erwachsene glauben, dass so ein Datum mit vielen gleichen Zahlen ein ganz besonderes Datum ist – ein „Schnapszahl-Datum". Es soll Glück 20 bringen. Deswegen heiraten heute auch ganz viele Menschen.

Wenn eine Zahl aus gleichen Zahlen besteht, nennt man sie eine Schnapszahl: zum Beispiel die 11 oder die 222. Eine Erklärung für den Namen ist, dass Erwachsene, die zu viel Alkohol getrunken haben, alles doppelt sehen – wie die Zahlen. Auch der 20.08.2008 ist so ein besonderes Datum.

aus: Knuts Klartext für Kinder. Die Kindernachrichten in der Neue Ruhr Zeitung / Neue Rhein Zeitung, 08.08.2008.

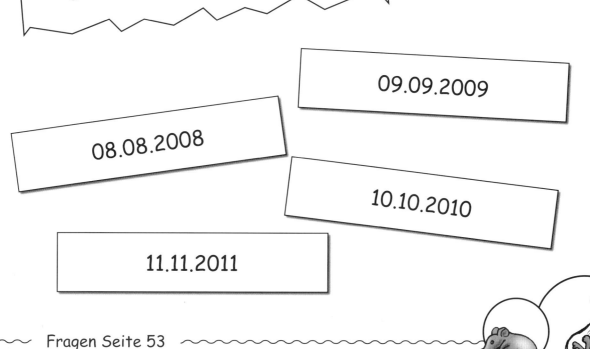

09.09.2009

08.08.2008

10.10.2010

11.11.2011

Fragen Seite 53

Herzlichen Glückwunsch zum 85.

Der Kinderbuchautor Otfried Preußler hat heute Geburtstag.
Die Schüler der Otfried-Preußler-Schule in Duisburg gratulieren.

Literatur • Im Treppenhaus grüßt der Räuber Hotzenplotz. Überall an den Wänden der Otfried-Preußler-Grundschule in Duisburg hängen Bilder, die jeder kennt. Vom kleinen Gespenst und vom kleinen Wassermann, von Hörbe mit seinem Riesenhut oder von der kleinen Hexe. Heute hat der Kinder-

buchautor Otfried Preußler Geburtstag. Er wird 85 Jahre alt. Die Grundschule in Duisburg-Mittelmeiderich trägt seit fünf Jahren seinen Namen. Da ist es selbstverständlich, dass die Schule dem berühmten Schriftsteller zum Geburtstag gratuliert.

Wenn Otfried Preußler heute in seinem Wohnort in Bayern die Geburtstagspost öffnet, dann ist da auch ein Päckchen aus Duisburg dabei. Schulleiterin Christiane Stuwe hat ihm ein rotes Po-

lohemd mit dem Logo der Schule, der kleinen Hexe, eingepackt. Dazu gibt es eine Farbkopie des riesigen Wandbildes in der Eingangshalle der Schule, das ein Kunststudent gemalt hat.

In der Schulbücherei können sich die Kinder alle Bücher von Otfried Preußler ausleihen, auch auf Türkisch.

„Aus jedem Buch spricht seine Liebe zu Kindern", sagt Christiane Stuwe. Die Schule ist stolz auf die beiden Briefe, die sie in den letzten Jahren von Otfried Preußler bekommen hat. Auch sie hängen im Treppenhaus am Eingang.

aus: Knuts Klartext für Kinder. Die Kindernachrichten in der Neue Ruhr Zeitung / Neue Rhein Zeitung, 20.10.2008.

Fragen Seite 54

Ritter galten im Mittelalter als starke Kämpfer und
waren geachtete Männer.
Der König wollte nur die mutigsten und schnellsten
Männer als Soldaten haben.

5 Die Kirche setzte die Ritter für die Verbreitung und
Bewahrung von Glauben und Frieden ein.
Die Ritter selbst beabsichtigten als edle Männer, stets
gute Tischmanieren und höfliches Verhalten den Damen
gegenüber zu beweisen.

10 Der Beruf des Ritters war beliebt, aber nicht jeder konnte Ritter werden.
Eigentlich konnten nur adelige Jungen als Pagen auf einem fremden Hof
alles lernen, was ein Ritter können muss. Sie wurden vor allem durch sportliche
Übungen auf den Kampf vorbereitet.

15 Ein Page musste lernen, mit Pferden und Falken umzugehen. Er übte, mit dem
Schwert, der Lanze und der Axt zu kämpfen. Er zog mit zur Jagd in den Wald
und lernte, wie man Wild (Rehe, Hirsche, Wildschweine, Hasen) ausnimmt.
Draußen erhielten die Knaben Unterricht im Reiten, Schwimmen, Bogenschie-
20 ßen, Ringen, Laufen, Klettern und Steinewerfen.
Im Haus brachte man ihnen das Schachspielen bei. An manchen Höfen erlernten die angehenden Ritter auch ein Instrument wie die Harfe, die Laute
oder die Leier.
Von einem Kirchenmann bekam der Junge Religionsunterricht. Er lernte Grundsätze wie „Liebe Gott aus ganzer
25 Kraft!", „Sei brav und anständig!", „Ehre Vater und Mutter!" und „Schütze die Armen!"
Ein Ritter sollte also ein gottesfürchtiger Mann sein,
der auf dem rechten Weg wandelt und Maß hält bei allen
Dingen. Er durfte nicht übermäßig essen oder ein Säufer
30 werden. Er durfte nicht gewalttätig sein, nicht lügen,
nicht geizig sein.

Wenn der adelige Junge sich bewährt hatte und sich
geistig und körperlich als tüchtig zeigte, konnte er mit
35 14 Jahren zum Knappen ernannt werden. Dann wurde er
einem Ritter zugeteilt, dem er fortan zu dienen hatte.
Frühestens mit 21 Jahren konnte er selbst zum Ritter
ernannt werden.

Fragen Seite 55

Unser Planet Erde

Die Erde, auf der wir leben, ist ein Planet.

Was ist ein Planet?

Ein Planet ist ein Himmelskörper, der sich um eine Sonne dreht.

Zu unserem Sonnensystem gehören acht Planeten, die alle um unsere Sonne kreisen.

5 Die Sonne ist ein Fixstern, sie bewegt sich nicht.

Die Planeten ziehen ihre Bahnen um die Sonne herum.

Der Sonne am nächsten ist Merkur, dann kommt Venus, dann die Erde.

Der Mars setzt die Reihe fort, gefolgt vom riesigen Jupiter und dem großen Saturn
mit den Ringen. Die zwei Planeten, die am weitesten von der Sonne entfernt durchs

10 Weltall schweben, heißen Uranus und Neptun. Pluto, der noch folgt, gilt nicht mehr
als Planet.

Viele Planeten haben einen oder mehrere Monde, die um sie kreisen. Die Erde hat
einen Mond, der seine Kreise um die Erde zieht. Er braucht etwa einen Monat, um

15 einmal ganz um die Erde zu wandern.

Unser Planet Erde braucht 365 Tage, um einmal ganz um die Sonne herumzuwandern.
Ein Jahr! So entstehen die vier Jahreszeiten. Denn jedes Land ist bei der Wande-
rung um die Sonne mal näher an der Sonne (Sommer) und mal weiter weg von der

20 Sonne (Winter). In etwa 24 Stunden dreht sich die Erde einmal um sich selbst. Ist
unser Land der Sonne zugewandt, ist Tag. Dreht sich die Erdkugel weiter, weg von
der Sonne, ist es Nacht.

Wie groß ist der Planet Erde?

25 Wenn man ihn einmal in der Mitte durchmessen würde,
käme man auf über 12 000 Kilometer.

Wie weit ist die Erde von der Sonne weg?

Die Entfernung beträgt ungefähr 150 Millionen Kilometer!

30 Das kann man sich nicht vorstellen.

Welche Oberfläche hat der Planet Erde?

Die Oberfläche zeigt Wasser und Land, Berge und Meere.
Die Erde wird auch

35 „der blaue Planet" genannt, weil sie viel mehr Wasser als Land hat.

Woraus besteht die Erde?

Wenn man die Erdkugel durchschneiden würde, könnte man im Inneren den Kern der
Erde sehen. Er ist umgeben von einem dicken flüssigen Mantel. Außen herum ist eine

40 dicke Kruste aus Gestein. Diese Erdkruste schwimmt in mehreren Schichten auf dem
flüssigen Mantel. Die Schichten bewegen sich. Reiben sie sich aneinander und schiebt
eine Platte eine andere etwas hoch, entsteht ein Gebirge wie die
Alpen. Oder es kommt an diesen Stellen zu Erdbeben oder
Vulkanausbrüchen.

Fragen Seite 56

Fragen zum Text: Haus Schreck

 Wie sind die beiden Jungen miteinander verwandt?

 Wo macht die Familie Urlaub?

 Was machen die beiden Jungen jeden Morgen?

 Wie viele Brötchen holen sie jeden Morgen?

 Wie heißt das Spukhaus?

 Nenne die Straße, an deren Ende das Spukhaus steht.

 Wer ist der ältere der beiden Brüder?

 Welchen Rat gibt ihnen der Bäcker am Schluss?

 Erkläre das Wort „Hausfriedensbruch".

 Erkläre, warum die Jungen beim Frühstück so unruhig sind.

BVK DE05 · Katharina Sorbe: Lesekonferenzen Band 2

Fragen zum Text: Indianerkinder und Büffeljagd

 Wie heißen die beiden Indianerjungen?

 In welcher Jahreszeit spielt die Geschichte?

 Zu welcher Tageszeit beginnt die Geschichte?

 Erzähle, was die Jungen früh am Morgen tun.

 Erkläre, was die Männer des Indianerstammes heute vorhaben.

 Nenne den Namen des Häuptlings.

 Was wollen die beiden Jungen den Häuptling fragen?

 Auf welchen Tieren reiten die Indianer?

 Welche Tiere wollen die Indianer jagen?

 Wo versammeln sich die Männer?

Fragen zum Text: Die goldene Kette

Welche Tiere haben die Bauersleute?

Welche Person meint, Hans sei wegen der Armut so trübsinnig?

An welchem Abend belauscht Hans den Streit seiner Eltern?

Für welchen Gegenstand hatte die Mutter das Kind weggegeben?

Wo hatte die Mutter die goldene Kette versteckt?

Welchen Plan schmiedet Hans?

Wie heißt der Zwillingsbruder von Hans?

Wie heißt die Hexe im Wald?

Wer zeigt Hans den Weg durch den Wald?

Wie öffnet Hans die Eisenkette am Tor?

BVK DE05 · Katharina Sorbe: Lesekonferenzen Band 2

Fragen zum Text: Die kleine Prinzessin *Ichmöchte*

Was wünscht sich das junge Königspaar?

Wie heißt die Prinzessin mit richtigem Namen?

Welchen Spitznamen geben ihr die Dienstboten?

Warum nennen die Dienstboten die Prinzessin *Ichmöchte?*

Nenne einige Beispiele, was Irmgard alles haben möchte.

Was passiert in diesem Sommer?

Wie heißt der alte Diener?

Erkläre, wie Irmgard sich ändert.

Warum ändert Irmgard am Schluss ihr Verhalten?

Wie heißt der Arzt?

Fragen zum Text: Tritratrulala!

 Vor wem hat der Kasper Angst?

 Warum ruft der König das Volk zusammen?

 Was hat der Räuber der Großmutter gestohlen?

 Wie heißt der Räuber?

 Erkläre den Begriff „niet- und nagelfest".

 Was hat der König vor?

 Wie heißt der König?

 Erkläre den Begriff „hinter Gitter".

 Bis wann soll das Volk überlegen?

 Wer hat als Erster eine gute Idee?

Fragen zum Text: Mehr Taschengeld?!

Wie heißt die Familie mit Nachnamen?

An welchem Tag bekommt Jan immer Taschengeld?

Wie viel Taschengeld bekommt Jan am Anfang?

Erkläre, warum die Mutter meint, dass ein Euro Taschengeld reicht.

Von welchen Kindern aus seiner Klasse spricht Jan?

Nenne zwei Beispiele, was Martin und Lisa mit ihrem Taschengeld machen.

Erkläre, warum Jan in sein Zimmer rennt.

Wo holt die Mutter sich Rat?

Wie viel Taschengeld soll Jan von nun an bekommen?

Was hat Jan mit dem Taschengeld vor?

BVK DE05 · Katharina Sorbe: Lesekonferenzen Band 2

Fragen zum Text: Regenschirm

In welcher Jahreszeit befinden wir uns hier?

Erkläre „Der Schirm wird dem Wetter gerecht".

Wo könnte man seinen Regenschirm stehen lassen?

Was werden wir – ohne Regenschirm?

Worauf sind nassgewordene Menschen oft sauer?

Was ist ein Taschenschirm?

Wieso soll ein Taschenschirm besser sein?

Was kann mit einem Taschenschirm passieren?

Was soll sich jeder mit Geduld fragen?

Wer hat wirklich Schuld, wenn ein Schirm vergessen wird?

Fragen zum Text: Sieben Tage

Wie viele Tage hat eine Woche?

Zähle die Abkürzungen für die Wochentage auf.

Wen will der Erzähler am Dienstag sehen?

Was kannst du am Samstag machen?

Was gefällt dem Erzähler am Sonntag?

An welchen Tagen kannst du ausschlafen?

An wie vielen Tagen in der Woche ist Schule?

Was bedeutet „Mo Di Mi Do Fr Sa So"?

Welcher Tag liegt mitten in der Arbeitswoche?

Nenne die beiden Wochentage des Wochenendes.

BVK DE05 · Katharina Sorbe: Lesekonferenzen Band 2

Fragen zum Text: Silvester

Wie oft im Jahr ist Silvester?

Warum gehen die Leute spät ins Bett?

Um wie viel Uhr geht der Spaß los?

Was zischt und pfeift?

Was ist am Himmel zu sehen?

Erkläre das Wort „Farbenschau".

Welche Farben werden in der dritten Strophe genannt?

Sage ein anderes Wort für „violett".

Welche Formen sind am Himmel zu sehen?

Womit wollen wir das Jahr anfangen?

Fragen zum Text: Max und Moritz-Lied

Wie heißen die beiden frechen Jungs?

Wer hängt am Baum?

Womit holen sich die Jungen die Hühner aus der Pfanne?

Was passiert Schneider Böck?

Was zieht Lehrer Lämpel aus?

Was explodiert in Strophe 4?

Welche Tiere sind im Bett von Onkel Fritz?

Was wollen die beiden Jungen dem Bäcker klauen?

Was macht der Bäcker mit den frechen Kindern?

Was macht der Müller mit den beiden?

BVK DE05 · Katharina Sorbe: Lesekonferenzen Band 2

Fragen zum Text: Viele Grüße aus Holland!

 Wer schreibt hier an wen?

 Erkläre, warum Nils in Holland ist.

 Wo ist die Jugendherberge untergebracht?

 Vermute, wer Frau Lindner ist.

 Was macht die Klasse jeden Tag?

 Erzähle, was bei der Nachtwanderung passiert ist.

 Wer hat den vermissten Jungen aufgespürt?

 Berichte, was die Klasse heute Abend machen wird.

 Wiederhole die Anweisung der Lehrerin.

 Warum spricht die Lehrerin ein Verbot aus?

BVK DE03 • Katharina Sorbe: Lesekonferenzen Band 2

Fragen zum Text: An den Bürgermeister

Wer schreibt hier an wen?

Wie heißt die Schule?

Nenne den Namen des Klassensprechers der 4b.

Erkläre den Begriff „Bürgersprechstunde".

Welchen Wunsch äußert die 4b?

Wie begründen die Kinder ihren Wunsch?

In welcher Stadt ist die Schule?

Sage, welches Datum auf dem Brief steht.

Nenne den Namen des Bürgermeisters.

In welchen Monaten soll die Schule später beginnen?

BVK DE05 · Katharina Sorbe: Lesekonferenzen Band 2

Fragen zum Text: Drachenfels

 Wer schreibt hier an wen?

 Zähle auf, wer beim Maiausflug dabei ist.

 Was macht Franks Familie jedes Jahr am 1. Mai?

 Erkläre, warum Frank dieses Mal nicht mitgehen will.

 Was unternimmt Franks Familie dieses Jahr am 1. Mai?

 Erzähle die zwei Möglichkeiten, wie der Drache vielleicht gestorben ist.

 Wo befindet sich der Drachenfels?

 Wie kann man zur Ruine hochgelangen?

 Wieso heißt der Berg „Drachenfels"?

 Wie lang ist der Drache aus Stein?

BVK 3C05 • Katharina Sorbe: Lesekonferenzen Band 2

Fragen zum Text: Reiterferien

 Wer schreibt hier an wen?

 In welchem Monat ist Linda auf dem Reiterhof?

 Wie heißt der Reiterhof?

 Wie heißt der Reitlehrer?

 Mit wie vielen Mädchen ist Linda zusammen auf einem Zimmer?

 Auf welchem Pony reitet Linda am liebsten?

 Erzähle, was heute in der Reitstunde alles schiefgeht.

 Welches Mädchen lacht Linda aus?

 Welches Pony bedrängt Kessy?

 Erkläre, was in der nächsten Reitstunde anders sein soll.

BVK DE05 · Katharina Sorbe: Lesekonferenzen Band 2

Wer schreibt hier einen Steckbrief über sich?

Was könnte Julian noch über sich erzählen?

Wie heißt Julians bester Freund?

Übersetze Julians Spruch.

Zähle auf, was du nun über Julian weißt.

Welches ungewöhnliche Hobby hat Julian?

Nenne Julians Berufswunsch.

Zähle Julians Lieblingsfächer auf.

In welche Schule geht Julian?

Nenne den Titel von Julians Lieblingsbuch.

Fragen zum Text: Der gesuchte Clown

 Wie viele Clowns schaute sich Jana genau an?

 Wie heißt der gesuchte Clown?

 Was hat sich der Clown heute umgehängt?

 Wie groß ist die gesuchte Person?

 Handelt es sich bei dem Clown um eine Frau oder einen Mann?

 Welche Haarfarbe und welche Frisur hat der Clown?

 Beschreibe die Kleidung des Clowns.

 Welcher Schuh hat ein Loch?

 Zähle die vier besonderen Merkmale des Clowns auf!

 Welche Farbe haben seine Hosenträger?

Fragen zum Text: Unser Hausmeister

Wie heißt der Hausmeister?

Wie lange arbeitet der Hausmeister schon an dieser Schule?

Wie alt ist der Hausmeister?

Beschreibe, wie der Hausmeister aussieht.

In welchem Haus wohnt der Hausmeister?

Nenne den Spitznamen des Hausmeisters.

Was gefällt Herrn Winkel gut an seinem Garten?

Welches Verhalten mag Herr Winkel gar nicht?

Welche besondere Angewohnheit hat der Hausmeister?

Beschreibe die Aufgaben des Hausmeisters.

Fragen zum Text: Falsches Verstecken

Wie heißt das Spiel?

Erkläre den Namen „Falsches Versteckspiel".

Für wie viele Personen ist das Spiel geeignet?

Für welche Altersgruppe ist das Spiel geeignet?

Erkläre, wie das Spiel geht.

Erkläre das Ziel des Spiels.

Wie lange dauert ungefähr eine Spielrunde?

Wo wird das Spiel gespielt?

Wie viele Kinder verstecken sich?

Wer verliert das Spiel?

BVK DE05 · Katharina Sorbe: Lesekonferenzen Band 2

Fragen zum Text: Süße Waffeln

Was wird hier gebacken?

Welche Zutaten braucht man für dieses Rezept?

Welche Gegenstände aus der Küche braucht man zum Waffelnbacken?

In welcher Reihenfolge kommen die Zutaten in die Schüssel?

Erkläre, wofür der Backpinsel benötigt wird.

Für wie viele Waffeln reicht dieser Teig?

Erkläre den Begriff „glatter Teig".

Zähle auf, was man auf die Waffeln legen kann.

Erkläre, wofür die alte Zeitung gebraucht wird.

Wofür benutzt man die Gabel?

Fragen zum Text: Mehr Gorillas als gedacht

 Wer entdeckte die Menschenaffen?

 Wo wurden die Menschenaffen entdeckt?

 Wie viele Menschenaffen wurden entdeckt?

 Welche Art Gorillas ist vom Aussterben bedroht?

 In welchem afrikanischen Land haben die Naturschützer gesucht?

 Wie kam es, dass mehr Tiere gefunden wurden als erwartet?

 Was dachten die Fachleute, wie viele Gorillas es noch gäbe?

 Erkläre, was ein Wilderer ist.

 Wer leitete das Projekt „Gorillas"?

 Was soll sich in dem Gebiet der Gorillas jetzt ändern?

BVK dE05 · Katharina Sorbe: Lesekonferenzen Band 2

Fragen zum Text: Ein ganz besonderer Tag

08.08.2008   Wie heißt Felix mit Nachnamen?

08.08.2008   Warum hat Felix sich auf den 8.8.2008 besonders gefreut?

08.08.2008   An welchem Tag wurde Felix 8 Jahre alt?

08.08.2008   In welcher Stadt wohnt Felix?

08.08.2008   Welche Zahl ist Felix Lieblingszahl?

08.08.2008   Welcher Wochentag war der 8.8.2008?

08.08.2008   Erkläre den Begriff „Schnapszahl".

08.08.2008   Warum heiraten viele Menschen an einem „Schnapszahl-Datum"?

08.08.2008   Nenne eine andere „Schnapszahl".

08.08.2008   Warum ist der 20.08.2008 auch ein besonderes Datum?

Welcher Kinderbuchautor hat Geburtstag?

Wie alt wird der Schriftsteller?

Welche Figuren sieht man an den Wänden der Schule?

Wie heißt die Grundschule in Duisburg-Mittelmeiderich?

In welchem Bundesland wohnt Otfried Preußler?

Wie heißt die Schulleiterin der Schule in Duisburg?

Nenne drei Bücher von Otfried Preußler.

Wie viele Briefe hat die Schule von Otfried Preußler bekommen?

Welche Geschenke schickt die Schule dem Autor?

Seit wie vielen Jahren trägt die Schule den Namen des Schriftstellers?

Fragen zum Text: Vom Jungen zum Ritter

Welche Eigenschaften musste ein Ritter haben?

Erkläre, warum der Beruf des Ritters beliebt war.

Was musste ein Page alles lernen?

Mit welchen drei Waffen lernte der Page umzugehen?

Welches Brettspiel erlernte ein Page?

Zähle die Instrumente auf, die einige Pagen erlernten.

Welche Grundsätze lernte der Page im Religionsunterricht?

Zähle auf, was ein Ritter *nicht* tun durfte.

In welchem Alter konnte ein Page zum Knappen ernannt werden?

Mit wie vielen Jahren konnte ein Knappe zum Ritter ernannt werden?

Was ist ein Planet?

Zähle die acht Planeten auf, die zu unserem Sonnensystem gehören.

Wie lange braucht der Mond, um einmal um die Erde zu wandern?

Wie lange dauert es, bis die Erde die Sonne einmal umkreist hat?

In wie vielen Stunden dreht sich die Erdkugel einmal um sich selbst?

Wie weit ist die Erde von der Sonne entfernt?

Erkläre den Begriff „der blaue Planet".

Woraus besteht die Erde?

Wie groß ist der Planet Erde?

Nenne die beiden Nachbarplaneten der Erde.